लोकेश गुलाटी

वाणी
प्रकाशन

प्रकाशन के उत्कृष्टतम 62 वर्ष

vaniprakashan.com

सजिल्द पहला संस्करण : 2025

वाणी प्रकाशन
4695, 21-ए, दरियागंज, नयी दिल्ली-110 002
फ़ोन : + 91 11 23273167, 23275710

शाखाएँ
अशोक राजपथ, पटना-800 004, बिहार
कॉफ़ी हाउस कैम्पस, महात्मा गांधी मार्ग, प्रयागराज-211 001, उत्तर प्रदेश
महात्मा गांधी अन्तरराष्ट्रीय हिन्दी विश्वविद्यालय, वर्धा-442 001, महाराष्ट्र

sales@vaniprakashan.in
vaniprakashan@gmail.com

Talash
by Lokesh Gulati

ISBN : 978-93-6944-135-8
Poetry Collection

मूल्य : ₹ 300

सिटी प्रेस, दिल्ली-110 095 में मुद्रित

वाणी प्रकाशन का लोगो मक़बूल फ़िदा हुसैन की कूची से

समर्पित उन सभी दोस्तों और प्रेमियों को
जिन्होंने ज़िन्दगी को इतने क़रीब से देखने का मौक़ा दिया
और ओशो को
जिन्होंने ज़िन्दगी में प्रेमी और साक्षी होने की कला सिखायी
तथा द बुक बेकर्स का
जिन्होंने मार्गदर्शन किया इन पंक्तियों को किताब तक पहुँचाने में!

पुस्तक के बारे में

इन शब्दों को जब पिरोया तो कभी सोचा ही नहीं कि ये एक किताब का रूप लेंगे। तब तो बस ऐसा था कि बिना शब्दों में ढाले कुछ अधूरा-सा रह जा रहा था और उसे पूरा करने के लिए लिखना ज़रूरी था। ये किताब आपके हाथ में है इसका अर्थ है आप भी एक तलाश में हैं। तलाश जो पूरी होती नहीं या कहें हममें पूरा होने की अभी तैयारी नहीं।

आशा करता हूँ इन शब्दों के माध्यम से आप उस प्यास को पूरी तरह अनुभव करेंगे और उस एकाकी भाव को भी।

–लोकेश गुलाटी

अनुक्रम

जीत

जीत सच्ची या हार?
जीत है, कभी ना पूरी होने वाली खोज या
हार है, पूरा होता हुआ सच

जीत है एक भ्रम या
हार है, एक खुली किताब

जीत है, मौत का दरवाज़ा या
हार है, ज़िन्दगी का पनपना

क्या चुनना है?
जीत की बेहोशी या
हार से पनपता हुआ सच।

रास्ता और मंज़िल

रास्ता और मंज़िल बड़ी ही
अजीब कशमकश है

हम रास्ता ढूँढ़ रहे हैं या मंज़िल?

ये रास्ता मंज़िल की तरफ़ ले जा रहा है या
रास्ता ख़ुद ही मंज़िल है।

हम रास्ते को ढूँढ़ रहे हैं
या रास्ता हमें ढूँढ़ रहा है

मंज़िल पे पहुँच कर मंज़िल तो मिलती नहीं
रास्ता और बड़ा हो जाता है

ऐ रास्ते तू मंज़िल से मिल या न मिल
मैं तेरे अधूरेपन में पूरा होने को तैयार हूँ
तू चलता रह और मैं भी तेरे साथ चलता रहूँगा।

कश्ती

ऐ नदी बता दे। कौन हूँ मैं? और कहाँ हूँ?
बह रही हूँ या रुकी
किनारे पर हूँ या नदी में
बँधी हूँ या सोचती हूँ कि बँधी हूँ
ख़ाली हूँ या भरी
अकेली हूँ या सबके साथ

ऐ नदी बता, तू तो मुझको जानती है
मैं तो तुझमें ही रहती हूँ। तू तो बता ऐ नदी

ओ री प्यारी कश्ती

न तू बह रही है न रुकी
कभी तू किनारे पे है और कभी नदी में
न तू बँधी है न तुझे कोई बाँध सकता है
न तू ख़ाली है और न भरी
न तू अकेली है और न सबके साथ

तू तो बस है और उसी होने में सब है।

मैं (अहम्)

मैं, है भी नहीं और है भी,
मैं, दिखता भी नहीं और हर तरफ़ है।
मैं, लगता है सच पर है पूरा झूठ
मैं, जो मिलता भी नहीं पर हमेशा साथ रहता है।

जब तक मैं रहता है तब तक तृप्ति नहीं होती।
जैसे ही वो जाता है अचानक सब पूरा हो जाता है।
ओ मैं, तू दिखता दोस्त है, पर दोस्ती निभाता नहीं

तेरे बिना सब कुछ मिल जाता है, पर फिर तू जाता क्यों नहीं?
हम समझते अपने को हैं मैं पर हैं हम कुछ और ही

मैं इन्तज़ार है तेरे पूरे तिरोहित होने का और फिर,
सिर्फ़ उसके होने का।

हमारी व्यथा

हम हैं अपने घर का एक छोटा सा हिस्सा, मानते हैं अपने
को सबसे बड़ा। हम रहते हैं अपने समाज के छोटे से घर
में, मानते हैं अपने घर को सबसे अच्छा।

हम हैं अपने राज्य का छोटा सा शहर, मानते हैं अपने
शहर को सबसे सुन्दर। हम हैं दुनिया का एक देश और
मानते हैं अपने देश को सबसे बेहतर। हम हैं ब्रह्माण्ड का
छोटा सा ग्रह और मानते हैं धरती को सब कुछ।

हम इतने बड़े ब्रह्माण्ड के एक छोटे से ग्रह के एक देश के
कोने में रहते हैं और मानते हैं अपने को सबसे बड़ा।
क्या अब हमें अपने बड़े होने की इस अपने आप से एक
जंग को ख़त्म नहीं करना चाहिए?

क्या अब हमें अपने छोटेपन को स्वीकार नहीं करना चाहिए?

क्या अब हमें मान नहीं लेना चाहिए कि हम कुदरत का
एक छोटा-सा हिस्सा हैं और उससे ज़्यादा हमारा कोई वजूद नहीं हैं

कौन हूँ मैं

कहीं कोई बैठा है हमारे अन्दर जो सब कुछ देखता रहता है, पर वो वैसा ही है बिल्कुल नहीं बदला, बचपन से बस देखता रहता है, चुपचाप। कभी उस पर नज़र चली जाती है फिर मैं उसको भूल जाता हूँ पर वो देखता रहता है।

हमेशा मेरा इन्तज़ार करता है बस मिलने की तमन्ना रखता है उसे देखते ही अपने अन्दर ही दो लोग दिखते हैं एक जो देख रहा है और एक जो यह सब कुछ कर रहा है।

कौन है ये जो देख रहा है? जो कर रहा है उसे तो मैं जानता हूँ वो मैं हूँ। पर जब उसे देखता हूँ तो लगता है जो कर रहा है वह तो बस एक खेल है जो देख रहा है वही तो सच है–जो कुछ महसूस नहीं करता जो बस देखता रहता है।

कौन हूँ मैं?

कहीं मैं वो तो नहीं जो देख रहा है और जो कर रहा है वो एक धोखा है।

शायद इन दोनों के परे कुछ है, कुछ है।

ज़िन्दगी

ज़िन्दगी ऐसी लगती है जैसे एक खोज। हम कहीं गुम हो गये हैं और कुछ ढूँढ़ रहे हैं। क्या ढूँढ़ रहे हैं पता नहीं, कहाँ जाना है पता नहीं, बस चलते जा रहे हैं एक तलाश में शायद कभी तो कहीं पहुँचेंगे।

घर, रिश्ते काम-काज, सब ऐसे लगता है जैसे रास्ते में चलते-चलते बस मिल गये। ऐसा लगता है कुछ ढूँढ़ रहे थे और रास्ते में घर और रिश्ते बनाकर रुक गये।

पर अभी भी अपने को खोया हुआ पाता हूँ। शायद कभी ये खोज पूरी हो और पता नहीं जो कुछ ढूँढ़ रहा हूँ, क्या ढूँढ़ रहा हूँ वह भी नहीं पता।

शायद वह मिल जाये
शायद हो मिल जाये

तुझे देखता हूँ

सब चेहरों में तुझे देखता हूँ।
सब आवाज़ों में तुझे ही सुनता हूँ।

आँसू निकलते ही चले जाते हैं
बस शरीर में दिल ही रह गया है और कुछ महसूस नहीं कर पाता।

नींद आँखों में कब्ज़ा करना चाहती है पर आँखों में कोई और ही आरज़ू है।

कैसे समझाऊँ कैसे बताऊँ!

तुम्हें ढूँढ़ता हूँ

आँखें तुम्हें ही ढूँढ़ती हैं
दिल तुम्हें ही पूछता है

कैसे समझाऊँ आँखों को कि तुम्हें अभी नहीं दिखा सकता
कैसे समझाऊँ दिल को मैं सामने बैठकर बात अभी नहीं
कर सकता

जैसे ही उन्हें मना करता हूँ आँखें आँसू गिरा देती हैं
और दिल भारी हो जाता है ऐसा लगता है अब आँखें और दिल
कह रहा है चलो उसे ढूँढ़ने चलें, चलो उसके पास बैठें,
चलो उससे कुछ बात करें।

और मैं बस इन दोनों को देख रहा हूँ
इतना प्रेम कहाँ समेटूँ इतना प्रेम कहाँ बाँटूँ।
हर कोई इसे लेता भी कहा है

अभी तुम्हें दूर से दे रहा हूँ इन्तज़ार है बस अब तुमसे मिलूँ
और सब कुछ तुम्हें दे दूँ, अपने को भी तुम पर वार दूँ

क्यों ऐसा होता है

क्यों ऐसा होता है क्यों उनसे ही बात करने को होता है क्यों उनसे ही मिलने को होता है क्यों बस एक ही चेहरा नज़रों में रहता है

सोचता हूँ तो तुम हो, देखता हूँ तो तुम
हो, जगता हूँ तो तुम हो, सोता हूँ तो तुम हो

मैं कहाँ हूँ? ढूँढ़ता हूँ अपने को पर दूर-दूर तक अपने को नहीं पाता

ढूँढ़ने पर भी तुम ही मिलते हो

इन्तज़ार

इन्तज़ार तुमसे मिलने का, इन्तज़ार तुम्हें देखने का, इन्तज़ार उस पल का, इन्तज़ार उस दिन का, इन्तज़ार तुम्हारे दीदार का, इन्तज़ार तुम्हारे पास होने का

बस एक इन्तज़ार, बस एक पुकार। मानो जैसे सब कुछ बस उस एक पल की तरफ़ जा रहा है जैसे वही एक पल है जिसके लिए जी रहा हूँ

वही तो मंज़िल है वहीं तो जाना है बस वही पल तो है सब कुछ। उस पल के लिए सब कुछ क़ुर्बान उस पल के लिए पूरी ज़िन्दगी भी कम।

बस उस पल का इन्तज़ार बस तुम्हारे दीदार का इन्तज़ार

कौन हो तुम

दिखता है कि तुम्हें नहीं जानता, महसूस करता हूँ कि तुम से अच्छा शायद किसी को नहीं जानता।

दिखता है कि दूर हूँ तुमसे, महसूस करता हूँ कि सबसे पास तो तुम्हारे हूँ।

दिखता है कि बस मैं ही तुम्हारे लिए महसूस करता हूँ महसूस करता हूँ कि तुम भी उतना ही मेरे लिए महसूस करती हो

दिखता है कि मैं ही तुम्हें हर जगह देखता हूँ महसूस करता हूँ कि तुम भी मुझे देखती हो

कौन हो तुम–पता नहीं। महसूस करता हूँ कि तुम्हें कहीं गहरे में बहुत अच्छे से जानता हूँ

घर

घर बड़ा ही प्यारा शब्द है। घर–जहाँ हम रहते हैं

हम कहाँ रहते हैं ईंट पत्थर के मकान में, धरती पर या
ब्रह्माण्ड में या हम शरीर में रहते हैं पर शरीर का तो अन्तिम घर श्मशान है

तो कहाँ रहते हैं हम?

कहाँ है हमारा घर? कहीं हम वही तो नहीं ढूँढ़ रहे, हर
जगह जाकर पूछ रहे हैं कहाँ है हमारा घर? कुछ दिन रुक
जाते हैं कहीं और फिर नया घर बना लेते हैं

हमारा असली घर कहाँ है यह तो सब रास्ते हैं इसे हम घर
क्यों कह रहे हैं?

शायद, हम तो बस अपने असली घर की तलाश में हैं

जब तू उतरेगा

जब तू उतरेगा और मैं नहीं होऊँगा। तो क्या मंज़र होगा–
तू नाचेगा, तू गायेगा, तू हँसेगा, तू रोयेगा।

दुनिया पागल कहेगी, पर पागल भी तो तू ही होगा।
तू ही तो होगा

मुझमें से तू बोलेगा, मुझमें से तू साँस लेगा, मुझमें तू धड़केगा, तू ही इस शरीर में जिएगा और इस शरीर को जाते हुए देखेगा, शरीर चला जायेगा तू तो फिर भी रहेगा

तू फिर किसी और में उतरेगा और फिर बोलेगा फिर दिखेगा नाचेगा, झूमेगा।

बस तेरी ही लीला है तू ही खेलता है और अपने साथ ही खेलता है

पानी की बूँद

आज पहली बार पानी की बूँद को देखा। पहले भी कई बार देखा। अगर कहो आज उसके दर्शन हुए। बूँद जिसका अपना कोई वजूद नहीं वो तो पानी में से ही आयी और पानी में ही चली जायेगी।

पर जब बूँद बनी–वो दिखी, उसने आवाज़ भी की, वो महसूस हुई। वह जो भी कुछ पल बूँद रहना भी चाहती थी पर किसी बूँद की नियति नहीं कि वह बूँद ही रहे वो वापस पानी में गयी और उसमें समा गयी।

फिर बनेगी और फिर पानी में ही समाना होगा

क्यों हम यह नहीं देख पाते कि हम बस उस बूँद की तरह कुछ पल के लिए यहाँ हैं। पानी से हमेशा जुड़े हुए और दूर से देखे तो नहीं।

कुछ पल के लिए बूँद नाचेगी, ऊपर उड़ेगी और फिर पानी हमारी नियति है।

जवाब

क्यों हूँ मैं यहाँ? क्या कर रहा हूँ?

जब से होश सँभाला है बहुत कुछ बदला है, ज़िन्दगी में बस यह प्रश्न वैसे का वैसा ही खड़ा है और जब अपने साथ होता हूँ तब यह वापस मेरे सामने आकर खड़ा हो जाता है और पूछता है–कौन हूँ मैं और क्या कर रहा हूँ?

कब इसका जवाब मिलेगा पता नहीं, कब एक सुकून मिलेगा पता नहीं। काश किसी किताब में इसका जवाब लिखा होता, काश मैं पैसे से इसको ख़रीद सकता, काश कहीं जाकर इसको ढूँढ़ लेता।

ऐसा लगता है सब कुछ ज़िन्दगी में इस जवाब के लिए कर रहा हूँ कि बस यह जवाब मिल जाये।

हारा हुआ सा महसूस करता हूँ। मेरे करने से कुछ होता नहीं, मेरे ढूँढ़ने से कुछ मिलता नहीं।

जो भी है तू जवाब मिल जा कभी तो। मिलने की तमन्ना है तुझसे, एक होने की आरज़ू है तुझसे

जब तुम्हें देखा

जब तुम्हें देखा पहली बार यक़ीन ना हुआ कि मैं कहाँ छूट गया और ठगा सा रह गया। कुछ ऐसा हुआ जो समझ के परे था

फिर बस तुम ही तुम दिखने लगीं और मैं कहीं खो चुका था बस इन्तज़ार था तुमसे मिलने का, तुम्हारे पास होने का और यह सोच समझ भी नहीं पा रहा था कि कैसे मिलूँगा

फिर तुम मिलीं और यक़ीन जो होकर भी नहीं हो पा रहा था कि मैं नहीं हूँ और खो चुका हूँ। एक ऐसा मिलन जिसका न जाने कब से इन्तज़ार था एक ऐसी तृप्ति जिसकी कोई तुलना नहीं। एक ऐसी प्यास जो पूरी हुई और अनन्त की ओर और बड़ी होकर निकल पड़ी

अब ये रास्ता जो दिखता नहीं उस पर चल पड़ा हूँ। ये कहाँ लेकर जायेगा नहीं पता पर यही सबसे सच्चा दिखता है और अपने से ज़्यादा इस अनजान रास्ते पर यक़ीन है

तड़प

तड़प है भी वहाँ तड़प है भी यहाँ

जहाँ देखूँ तो तू है जहाँ ना देखूँ तो तू है

तेरे इश्क़ ने किया बावरी अब बनी जोगन फिरती मारी मारी

बस तुझे देखने की आस तुमसे मिलने की प्यास। तुझे गले से लगाऊँ या तुम्हें चूमूँ। ओ मेरे प्रीतम बता दे मुझे

अब मैं जाऊँ कहाँ

तुम कौन हो

तुम एक हवा हो जो छू के उसको महसूस कराती हो

तुम एक गीत हो जो गाकर उसका गुंजन करती हो

तुम एक फूल हो जो उसकी ख़ुशबू को पहुँचाती है

तुम एक पक्षी हो जो उड़ना सिखाती हो

तुम एक सागर हो जिसमें खोते जाओ पर जिसकी कोई सीमा नहीं दिखती

तुम सूरज हो जो उसकी रोशनी पहुँचाती है। तुम रात हो जो उसको अँधेरे में भी दिखाती है

तुम तुम नहीं, तुम वो हो

मैं मैं नहीं, मैं वो हूँ।

दो पल

दो पल रह गये हैं ज़िन्दगी में एक जब तुमसे मिलता हूँ और
एक जब तुमसे दूर जाता हूँ

जब तुमसे मिलता हूँ सब कुछ मिल जाता है सब पूरा हो
जाता है

जब तुमसे दूर जाता हूँ कुछ छूट सा जाता है,
आँसू वापस आ जाते हैं, साँसें फिर भारी हो जाती हैं

बस फिर उस पल का इन्तज़ार जब तुम मिलोगी

पंछी

पंछी को कुछ पल के लिए डाली मिली है फिर उसको
उड़ाना होगा वही उसकी नियति है

सोचता है ये पंछी कि यह भी कर ले और वह भी कर ले
पर इसको उड़ाना होगा क्योंकि उसके लिए ही वो बना है

इस डाली पर रहते हुए जितना जी ले, जितना इसके रंगों में
डूब ले, जितना इसके फूलों की ख़ुशबू को जी ले

जितना कर पाये, शुभ!

कुछ है

कुछ है, जो साथ है। कुछ है, जिससे सब भरा है

कुछ है, जो साँसों में रम गया है। कुछ है, हर तरफ़

कुछ है, जो न दिखते हुए भी दिखता है। कुछ है, जो हर पल महसूस होता है

बस ये कुछ है, अपनी पवित्रता में। बस ये कुछ है, अपनी मासूमियत में। बस यह कुछ है अपने प्यारेपन में

इस कुछ को कोई नाम ना दूँ तो ही सही। इतना कोमल और इतना नूतन

कहीं नाम से ही मैला ना हो जाये

मोहब्बत

मोहब्बत की तलाश पूरी नहीं होती और मिल मिल के
कहीं पूरी होने से रह जाती है

कौन सी है वो मोहब्बत जो पूरी हो सकती है कौन सी है वो
मंज़िल जो प्यास को पूरा कर सकती है

तलाश है तेरी ओ मोहब्बत, इन्तज़ार है तेरा। कौन है तू
कभी मिल तो सही यह प्रेमी इन्तज़ार करता तेरा

सुना है, बहुतों से मिली है मुझे भी बता कहाँ है, तू कौन है,
बता ना। इन्तज़ार है बस तेरा

इन्तज़ार है तेरा

इन्तज़ार

इन्तज़ार, ये एक शब्द नहीं जैसे इसमें सब कुछ समाया है

जैसे मेरे साथ अब सब उसका ही इन्तज़ार कर रहे हैं,
जिसका मैं

सब मुझ में उसी को देख रहे हैं जिसे मैं

सब मुझ में उसी को महसूस कर रहे हैं जिसे मैं

मैं ही तुम्हारा इन्तज़ार नहीं कर रहा, जैसे मेरे साथ पूरा
अस्तित्व तुम्हारे ही इन्तज़ार में लगा है

बस तुम्हारा इन्तज़ार

और इन्तज़ार

आज फिर

आज फिर ज़िन्दगी ने मौक़ा देख पूछ लिया, कैसा है तू?
और फिर उसे जवाब देने को कुछ नहीं था

क्यों ये उसी समय आकर पूछती है जब जवाब नहीं होता

फिर देखा, क्या ढूँढ़ रहा हूँ?

तू ही बता दे ज़िन्दगी तू तो बचपन से देख रही है, चुपचाप

तू ही बता दे–मैं क्या ढूँढ़ रहा हूँ?

खालीपन

सब हो रहा है पर कुछ ख़ालीपन है
साँस चल रही है पर साँस लेने वाला गुम है
देख रहा हूँ पर देखने वाला गुम है
बोल रहा हूँ पर बोलने वाला चुप है

तलाश है तुम्हारी
इन्तज़ार है तुम्हारा

पता भी है कहाँ हो तुम पर घूँघट उठाकर देख नहीं पा रहा
देख रहा हूँ कुएँ में पानी पर पी नहीं पा रहा

ये क्या है समझ नहीं पा रहा

औ मालिक कहाँ है तू–अब तू ही बता

अब तू ही बता

ऐ मालिक

ऐ मालिक जिसे देख रहा हूँ वो तू है या जो देख रहा है वो तू है–कौन है तू?

फिर जो देख रहा है और जो दिख रहा है उसमें कोई फ़र्क़ नहीं रहता

दर्शन होते ही पूरा हो जाता हूँ और फिर तुझे पुकारता हूँ, फिर तेरे लिए रोता हूँ

ऐ मालिक तेरा बन्दा तुझे पुकारता, तेरा बच्चा तुझे याद करता

इस प्यार को स्वीकार कर

प्रियतमा क्या करूँ

रोऊँ के हँसूँ, समझ नहीं आता
इन्तज़ार करूँ कि बस तुम्हारे पास ही आ जाऊँ
चुप रहूँ या सबको बता दूँ
नाचूँ या गाऊँ

जीऊँ या पूरा होकर तुममें ही समा जाऊँ

बस तुझे ही तो साँसों में ले रहा हूँ
बस तेरे लिए ही तो देख रहा हूँ
बस तेरा नाम लूँ इसीलिए तो बोल रहा हूँ
बस तेरी आवाज़ कानों में आये इसीलिए तो सुन रहा हूँ

ये प्रियतमा में पूरा डूब जाने का भाव

बस यही तो रह गया है

प्रियतमा

तुम हो माँ
तुम हो बेटी
तुम हो प्यारी दोस्त

क्या बताऊँ तुम्हें प्रियतमा
एक रूप में तुम हो अनेक रूप

तुम हो अनगिनत कहानियाँ
तुम हो संगीत
तुम हो नाच
तुम हो हँसी की फुहार

तुम हो प्रेम के आँसू
तुम हो विरह की अग्नि
तुम हो मिलन की ठण्डी छाँव

ओ प्रियतमा तुम हो साक्षात उस परमात्मा का रूप

बारिश

बारिश जिसका इन्तज़ार रहता है पर वो आती है अपनी
मौज से या कहें जब सही समय हो, तब

और जब आती है सब कुछ ताज़ा और नया कर देती है
कुछ उसे देख डर जाते हैं और कुछ छुप जाते हैं और
उसके प्यार से वंचित रह जाते हैं

बारिश जिसकी आवाज़ ही नहीं है वह तो एकदम चुप और
मौन है आवाज़ तो जब कोई उसके रास्ते में आता है तो
होती है तब भी आवाज़ उसकी नहीं, उसे चीज़ की। वह तो
है पूरी मौन, सहज और सरल

बारिश देखें तो हैं बहुत सारी बूँदें जो बरस कर ही पूरी
हो सकती हैं, एक दूसरे से मिल सकती हैं और फिर धरती में
समा सकती हैं

दिखता है कि बरसाना इनकी नियति है पर शायद एक
होना और धरती में समा जाने के लिए ही बरसती है

और ये खेल चलता रहा है और चलेगा हमेशा, शायद

तू ही तो है

ढूँढ़ता रहा तुझे और तू कहाँ मिला

तूने आँखें दी तुझे देखने को
कान दिये तुझे सुनने को
हाथ दिये तुझे छूने को
पैर दिये तुझ तक पहुँचने को
दिल दिया तुझे महसूस करने को

सब कुछ तो दिया तूने और मैं पगला तुझे ढूँढ़ता रहा हर जगह और अपने को ही ना देखा

तू ही तो है बस तू ही तो है

सुलझी पहेली

तुझे ढूँढ़ता हूँ तो अपने को पाता हूँ
तुझे नहीं ढूँढ़ता तो भी अपने को पाता हूँ

मुझमें और तुझमें फ़र्क़ समझ नहीं आता
फिर भी एक दूरी तुझ से बनी रहती है

तू मुझमें समाया है और मैं तुझमें
फिर भी तू मिलता नहीं

हर जगह तू ही है फिर भी तू दिखता नहीं
क्या तू दिखता नहीं या फिर मैं तुझे दिखने नहीं देता

ये बस एक सुलझी हुई पहेली है जिसमें बस खो जाना है
शायद

वो आ गया

जिसको बुलाया था वो आ गया वो दिखने लगा

ज़ुबान लड़खड़ा गयी
शरीर घबरा गया
मस्ती छा गयी

कैसे स्वागत करूँ तेरा
तू ही बता क्या खाओगे
बता क्या पियोगे

बता क्या भेंट दूँ तुझे
कैसे सेव करूँ तेरी
कहाँ सुलाऊँ तुझे
कहाँ बैठाऊँ तुझे

नतमस्तक हूँ तेरे

मालिक

मालिक देख ली यहाँ की रंग रौनक
अब बुला ले अपने पास
अब रख अपने चरणों में

अब बना मुझे अपना दास
अब नचा अपनी महफ़िल में
अब होने दे फना

अब तू आ मालिक
लड़खड़ाते ही सही काँपते हुए ही तेरा स्वागत
अब नचा अपनी महफ़िल में

अब तू आ मालिक
तेरे स्वागत की तैयारी में यह तेरा प्रेमी
नैन बिछाये तेरी राह बटोरे

अब तू आ मालिक

अब तू आ मालिक

रात

आज पहली बार महसूस किया कि रात भी उतनी ही पूरी
है, जितना दिन। शायद, दिन से कुछ ज़्यादा

हमने यूँ ही रात को अकेला छोड़ रखा है रात के पास
बहुत कुछ है देने को जो शायद दिन के पास नहीं

रात और दिन का अन्तर तो हमने बना रखा है पर रात और
दिन तो एक ही है बस हम यह देख नहीं पा रहे

धन्यवाद रात अपनी शरण में लेने के लिए

वो

किसी से प्यार है, कैसे हुआ पता नहीं, क्यों हुआ पता नहीं
बस है इतना पता है

वो कौन है वो वो है जिससे मिलने का इन्तज़ार था। वो वो है जिससे मिलकर कुछ पूरा हो गया। वो वो है जब आयी तो सब आ गया

आँखें, उसकी आँखें मुझे देखते ही रुक जाती हैं। उसे देखते ही मैं अपना हो जाता हूँ। उसकी आँखों में पूरा जहाँ है। उसकी आँखें सब कुछ बोलती हैं उसकी आँखें पहली आँखें हैं जिसने उनमें झाँकने का मौक़ा दिया। उसकी आँखें वह आँखें हैं जिसमें परमात्मा दिखता है

बाल, उसके बाल जैसे रेशम। बालों को छूते ही जैसे हाथ खो जाते हैं एक अलग दुनिया में। उसके बाल अपने आगोश में ले लेते हैं और इस दुनिया से उस दुनिया का रास्ता बन जाते हैं

आवाज़, उसकी आवाज़ जैसे पायल की छन-छन। आवाज़ जो बुला ले तो रुक ना जाये। आवाज़ जो सहला दे तो नींद आ जाये। आवाज़ जो तुम्हारा नाम ले तो तुम पूरे हो जाओ

हँसी, उसकी हँसी जैसे दुनिया की सब ख़ुशियाँ समेटे हुए
हँसी ऐसी जिसे सुनकर तुम ग़म तो क्या अपने को ही भूल
जाओ। हँसी जो तुम्हें जीना सिखाती है

नाच, उसका नाचना जैसे मदहोशी उसका नाचना जैसे
अप्सरा। नाच ऐसा जो तुम्हें मन्त्र मुग्ध कर दे और तुम देखते
ही रहो, देखते ही रहो

रोना, उसका रोना जैसे एक छोटा बच्चा। उसका रोना जैसे
बच्चे का माँ के लिए रोना। रोना वह जो तुम्हें अपने से जोड़े
ना कि कोई दुख पैदा करे।

आँसू, उसके आँसू जैसे मोती। आँसू जो छलक जाये
तो साँस थम जाये। आँसू जिसे तुम पीना चाहो। आँसू जिन्हें
तुम सँजोना चाहो। वो आँसू।

छूना, उसका छूना जैसे कमल की पंखुड़ी का स्पर्श।
उसका छूना जैसे शरीर में सौ सौ बिजलियों का कौंधना।
उसका छूना जैसे किसी पवित्र ने तुम अछूते को छूकर
पावन कर दिया। ऐसा स्पर्श

शरीर, उसका शरीर जैसे नग्न होते हुए भी देवी की प्रतिमा
उसका शरीर जैसे तुम्हारा मन्दिर। उसके शरीर से
तुम्हारे शरीर का मिलन जैसे दो आत्माओं का मिलन। एक का अनुभव

श्रृंगार, उसके माथे पे बिन्दी जैसे आकाश पर एक सबसे
टिमटिमाता हुआ तारा। उसके कानों में झुमके जैसे बारिश
की बूँदें। उसके होठ जैसे किसी पौधे के दो प्यारे पत्ते।
उसके पैरों में पायल जैसे परमात्मा के ख़ुद के चरण

चुप्पी, उसकी चुप्पी जैसे शान्त जंगल में बहती हुई हवा जो
तुम्हें छूती है और शान्त करती चली जाती है।
उसका साथ ना होना, जैसे साँस का शरीर से अलग होना
जैसे भक्त का परमात्मा का इन्तज़ार करना। जैसे सब कुछ
होते हुए भी कुछ ना होना

उसका साथ होना, लिखते हुए हाथ रुक गये। साँसें थम गयीं
इसको शब्दों में कहना मुश्किल है

राधा और कृष्ण

राधा और कृष्ण, नाम तो सुना ही होगा। वही राधा कृष्ण, जो हमारे यहाँ पर घर में पूजे जाते हैं। वही राधा कृष्ण

क्या हम उन्हें जानते हैं क्या हम उन्हें पहचानते हैं। राधा जो कृष्ण की दीवानी हुई। कृष्ण जो प्रेम ही थे। प्रेम जो कभी-कभी होता है

क्या हम अपनी बेटी को राधा देखना चाहेंगे? क्या हम अपने बेटे को कृष्ण स्वीकार करेंगे? शायद, नहीं

दोनों की गृहस्थी थी फिर भी वह प्रेमी थे। दोनों अलग दुनिया से आते थे फिर भी उनकी दुनिया एक थी। दोनों अलग थे फिर भी एक। दोनों समझदार थे पर बिल्कुल पागल। दोनों को लोक लाज थी पर खोने को आतुर। थे यहाँ के पर जिया किसी और जहाँ को

जब भी अगली बार उनकी पूजा करना। थोड़ा घबराना कहीं वो प्रेम तुम्हें ना छू जाये

दहलीज़

दहलीज़, बड़ा ही प्यारा शब्द है क्या है ये दहलीज़?
वही जिसको पार करके हम उस पार चले जाते हैं

तो फिर सब इसको पार क्यों नहीं कर लेते? दिखती तो है
पर है नहीं। जब पार कर जाते हैं तो नज़र आता है कि
दहलीज़ तो थी नहीं। वो दहलीज़ नहीं वो तो हम ही थे

आ प्यारे ना घबरा। आ प्यारी चल उस डगर जहाँ कोई
रास्ता नहीं। चल उस डगर जहाँ कोई मंज़िल नहीं

आ प्यारी तेरा प्यार पुकारे

बादल और चाँद

बादल भागे जा रहे हैं मैंने पूछा कहाँ जाते हो? ज़रा रुको
सारे बादल जल्दी में निकल गये। आख़िरी बादल को मैंने
कहा ज़रा रुको बताते तो जाओ कहाँ जा रहे हो?

वो बोला किसी और की प्यास बुझाने जा रहा हूँ। मैंने कहा
मैं तो अभी प्यासा ही हूँ मेरी तो प्यास बुझाओ वो भी तेज़ी
से निकल गया

बादल के जाते ही चाँद निकला, जैसे बादलों के जाने का
इन्तज़ार कर रहा था और बोला मैं यहीं हूँ तुम्हारे साथ,
तुम्हारा दोस्त हमेशा तुम्हारा साथ दूँगा, तुम ना घबराना
तुम्हारी प्यास भी बुझाऊँगा, तुम्हें रोशनी भी दूँगा

और फिर ढेर सारे बादल आये और चाँद को ढकने लगे
पर फिर ढक ना पाये

परमात्मा का प्रेम

आज पहली बार दिखा परमात्मा का प्रेम क्या होगा

अभी प्रेमिका के लिए एक तड़प है अभी उससे बात करने की आकांक्षा रहती है अभी तो दिल थोड़ा हल्का हो जाता है उससे बात करके, उससे मिलकर उसमें डूब के। पर उससे दूर जाते ही फिर वही तड़प फिर वही उससे मिलने की आकांक्षा। पता नहीं पूरा हो-हो के पूरा नहीं होता और डूब-डूब के फिर किनारे पर आना हो जाता है

परमात्मा पहली बार लगा जब तुझसे प्रेम लगेगा तब तो तू बात करने को ना होगा, तब तो आलिंगन करने को ना होगा भटकूँगा तुझे पुकारता। रोऊँगा पर कोई दिखेगा नहीं, कोई आँसू पोंछने को नहीं होगा

ऐसा लग रहा है तेरे क़रीब आ रहा हूँ तुझे देखने की हिम्मत बन रही है और डर लग रहा है

ज़िन्दगी क्या?

ज़िन्दगी, एक बेहोशी या होश?

ज़िन्दगी, एक बेसमझ राह या समझ?

ज़िन्दगी, एक कहानी या किरदार?

ज़िन्दगी, एक क़ैद या आज़ादी?

ज़िन्दगी, एक तलाश या घर?

ज़िन्दगी, एक धोखा या मौक़ा?

ज़िन्दगी, एक अधूरी राह या मंज़िल?

ज़िन्दगी, में या सब?

ज़िन्दगी, मौत या ज़िन्दगी?

लहर और किनारा

ऐ किनारे अपने में समा ले इस नाचीज़ लहर को
कब तक तेरे लिए तड़पूँगी
कब तक तेरा इन्तज़ार करूँगी
मिल भी जाती हूँ तुझे और मिल भी नहीं पाती
छू भी जाती हूँ तुझे और जान नहीं पाती

मैं भी सूना हूँ तेरे बिना
जब तू आती है तभी मैं पूरा होता हूँ
मैं भी डूब जाता हूँ तुझ में पर खोते ही फिर आ जाता हूँ
तू सागर में ही अपने को खो सकती है
तू सागर की हो के ही अपने को जान सकती है
क्योंकि तू सागर ही है

और मैं तेरे इन्तज़ार में ही रहूँगा यही मेरी नियति है
मेरा इन्तज़ार ही मुझे पूरा करेगा
ज़ब मैं नहीं रहूँगा और इन्तज़ार भी ना होगा
बस तू होगी और तेरा खेल होगा—आना और जाना

लहर का किनारे से मिलना और फिर सागर हो जाना

ख़ुद को ढूँढ़ना

उसने कहा, शायद ख़ुद को ढूँढ़ के ही किसी में डूबा जा सकता है

उसने जवाब दिया, शायद किसी में डूब के ही ख़ुद को पाया जा सकता है

उसने फिर बोला, पर बात तो अपने को ढूँढ़ने की ही है तो फिर किसी को बीच में लाये ही क्यों?

उसने जवाब दिया, अगर ख़ुद को ढूँढ़ ही सकते तो किसी के बिना ढूँढ़ ही लेते

उसने फिर कहा, तो क्या करें?

उसने जवाब दिया, कुछ रिश्ते पूरे नहीं होते पर उन में ख़ुद को डूब के ही पाया जा सकता है। ये रिश्ते जो अधूरे रहते हैं दुनिया के पैंमाने पर हमेशा पूरे होते हैं मालिक के पैमाने पर

क्या हम देख पा रहे हैं

क्या हम देख पा रहे हैं?

अपने इस ज़िन्दा रहने की कोशिश को
अपनी इस दुनिया को
इस सन्नाटे को
अपने क़रीबी रिश्तों को
अपने झूठे सपनों को
अपने आप को
अपने शरीर को
अपनी साँसों को
उसे देखने वाले को

बस कहीं बिना देखे ही विदा ना हो जाये

सर्दी की दस्तक

सर्दी की दस्तक, इतनी सुहानी और इतनी शान्त
चुपचाप जैसे बच्चा अचानक से बड़ा हो जाता है
ऐसे ही दस्तक की आवाज़ बढ़ती चली जाती है

चारों तरफ़ एक शान्ति
किसी के आने के स्वागत की तैयारी
एक ठहराव, एक मासूमियत महसूस होती है

कुछ जैसे बहुत क़रीब सा आ जाता है और दिखता नहीं
कुछ जैसे छू जाता है महसूस भी होता है पर दिखता नहीं

ये दस्तक हर साल इतने ही प्यारेपन से आती है और कुछ
कहना चाहती है

देखे कि हम सुन पाते हैं या नहीं
देखे कि उसे जी पाते हैं या नहीं

दर्शन

अपने आप को देख रहा हूँ या तुझे
तू मुझमें है या मैं तुझमें
तू मैं हूँ या मैं ही तू है

मैं हूँ भी या नहीं या तू है भी या नहीं
ये कौन है जो फिर ये देख रहा है
ये कौन है जो दिख रहा है
सब एक-दूसरे में मिलता जा रहा है और अलग भी है

सूरज

सूरज तू तो हमेशा से ही दोस्त था कभी देखा ही नहीं
तेरी रोशनी पौधों के लिए भी वही, पक्षियों के लिए भी,
जानवरों के लिए भी वही, आदमी को भी तू वहीं रोशनी
देता है चाहे अमीर या ग़रीब

सर्दी में तू दोस्त दिखता है और गर्मी में दुश्मन
हम चाहे तुझे दोस्त समझें या दुश्मन तू तो अपना प्यार
वही रखता है

जब तू सब से प्यार करता है तो हम क्यों किसी को दोस्त
कहें और किसी को दुश्मन

बहुत शुक्रिया सूरज तेरा और तेरे प्यार करने के तरीक़े का
शायद हम ही इतने बड़े प्रेम को नहीं समझे

तेरा दोस्त!

तेरा धड़कना

वो तेरा दिल में धड़कना
वो तेरा साँस की तरह अन्दर जाना और बाहर आना
पेट की ज़रिये ऊपर होना और नीचे होना
वो तेरा आँखों से देखना
वो तेरा कानों से सुनना

ये सब तो तू ही है ये मैं नहीं कर रहा

तो ये मैं कौन है, मैं ये जो शब्द ख़ुद ही कह रहा है "मैं"–
एक अहम्, एक सोच और तो कुछ मैं है ही नहीं

सब कुछ तो तू ही है

तेरा आना और जाना

वो तेरा अचानक से आना और तेरे आने से सब कुछ बदल जाना

इन आँखों से तेरा देखना और तू ही दिखना
इन कानों से तेरा सुनना और तुझे ही सुनना

वो तेरा जाना और फिर तुझे जाते हुए देखना
वो तेरा फिर इन्तज़ार करना कि कब तू झाँक कर देखेगा
और फिर गले लगायेगा

वो तेरे जाने के बाद भी तेरी ही महक होना
वो तेरे छुपने के बाद भी हल्का-हल्का दिखना

गुरु

गुरु तेरी वाणी अँधेरी रात में रोशनी की किरण
तेरी वाणी, रोते हुए बच्चे को माँ का दुलार

तेरे शब्द, भटके हुए मुसाफ़िर को सही रास्ते का इशारा

तेरा प्रेम, सूने आँगन में बारिश की फुहार

तेरी पुकार, बिछड़े हुए मित्र की आवाज़

तेरा होना, हवा के होते हुए भी ना दिखे

खेल

फिर आ गया एक और दिन क्या करेंगे?
फिर चली गयी एक और रात क्या किया?

फिर दिन की रोशनी और चकाचौंध में बेहोश हो जायेंगे या
उसी रात के अँधेरे में खो जायेंगे

फिर उसी दिन की दिनचर्या को दोबारा दोहराएँगे या फिर
उसी रात के सपनों में मदहोश हो जायेंगे

फिर अपने बेबस और असहाय होने को देखेंगे या कुछ
और करेंगे

फिर हम इन्तज़ार ही करते रहेंगे उसमें डूबने का या
हिम्मत करेंगे उसमें छलाँग मारने की

क्या फिर वही दिन और रात का खेल शुरू होगा और या
कुछ ऐसा होगा जो इस खेल को खेलते हुए खेल के पार ले
जायेगा

चप्पल

कुछ चीज़ और लोग ज़िन्दगी में हमेशा साथ रहते है पर
उनकी अहमियत समझ नहीं आती–जैसे कि चप्पल

चप्पल कहने को तो हमारे पाँव की जूती है पर अहमियत
तब एहसास होती है जब कोई काँटा या पत्थर पाँव में लग
जाये

पूरे शरीर का भार सहती है और कुछ बोलती भी नहीं
हर जगह हमारे साथ जाती है पर कभी भटकाती नहीं

तू तो समझ ही लेगी जब हम इन्सानों को नहीं समझ पाये
तो तुझे क्या समझेंगे
तू अब भी कुछ नहीं बोलेगी और साथ रहते हुए इसे भी
स्वीकार कर लेगी

शायद, जो जितना छोटा होता है उतना ही बड़ा और बिना
कुछ बोले बस साथ निभाता चला जाता है

सच

जो हम देख रहे हैं वह सच है या जो हम होते हुए भी नहीं
देख पा रहे वो सच है

जो हम सुन रहे हैं वह सच है या जो सुनते हुए भी हमें
सुनाई नहीं दे रहा वह सच है

जो हम महसूस कर रहे हैं वह सच है या जब कुछ भी
महसूस नहीं होता वह सच होता है

जो हम सोच रहे हैं वह सच है या जब हम शून्य होते हैं वह
सच होता है

सच शायद बस हमारे सोचने महसूस करने के पीछे छिपा
है जैसे ही वह रुकता है सच प्रकट हो जाता है

या ये कहें कि जैसे ही सच प्रकट होता है सब कुछ रुक
जाता है और चलता भी रहता है

पर अब हम नहीं चलते और ना ही होते हैं बस सच होता है

विचार

ज़िन्दगी बीत जाती है यह समझने में कि हम कौन हैं?
जब दिखता है तो पता चलता है कि हम तो बस विचारों का
जोड़ हैं

दिन-रात बस एक ही चीज़ हैं हम–विचार
और कुछ तो करते ही नहीं हम
विचार में ही जागते हैं
विचार में ही सोते हैं और
विचारों में ही मर जाते हैं
कुछ फ़र्क़ नहीं पड़ता कौन-सा विचार

काश ज़िन्दगी को हम विचारों से परे देख पायेंगे और जी पायेंगे

दरवाज़ा

तुमने मुझे बनाया अपनी सहूलियत के लिए
कभी एक बार रुक कर तो देख लो
गुज़र जाते हो मुझे छूते हुए और मुझे महसूस भी नहीं करते

बन्द रहता हूँ तो तुम्हें आराम देता हूँ
खुल जाता हूँ तो तुम्हारे लिए रास्ता बनाता हूँ
मैं तो बस एक ज़रिया हूँ तुम्हें रास्ता दिखाने का
तुम अपनी मंज़िल पर पहुँचो यही मेरी कामना है

अगर मंज़िल मिल जाये तो आना कभी मिलने
जिसने तुम्हें तुम्हारे जाने बिना रास्ता दिखाया था
मेरी मंज़िल तो तुम्हें रास्ता दिखाना ही है
मैं यहीं मिलूँगा तुम्हारे इन्तज़ार में

नया साल

एक और साल जा रहा है क्या किया इस साल
एक और साल आ रहा है क्या करेंगे इस साल

ज़िन्दगी यूँ ही चली जाती है बिना हमसे पूछे
चलो ज़िन्दगी से पूछें इस साल
क्या हमें करना है
किस लिए हम यहाँ हैं
चलो ज़िन्दगी से पूछें इस साल

बहुत कुछ पाया बहुत कुछ खोया
चलो ऐसा कुछ पायें इस साल
जो कभी ना खोयें किसी साल

दो रास्ते

दो रास्ते हैं हमारे पास एक दुनिया की तरफ़ जाता है और
एक अपनी

क्या करना है, क्या पाना है, हम सब पाने की चीज़ों
को देख सकते हैं ये है दुनिया का रास्ता

और दूसरा, जहाँ पर कोई रास्ता ही नहीं है
कहाँ जाना है नहीं पता
किसे पाना है नहीं पता
क्या मिलेगा नहीं पता
पता है बस कि चलते जाना है

ज़िन्दगी दोनों रास्तों पर चल रही है
कहीं रास्ते दिखने में दो हैं और एक ही तो नहीं?

तलाश

तलाश है किसी की, पर किसकी? ख़ुद को नहीं पता
पाना है कुछ, पर क्या? ख़ुद को नहीं पता
पहुँचाना है कहीं, पर कहाँ? ख़ुद को नहीं पता

सब कुछ है पर फिर भी कुछ मिलता नहीं

कहीं ऐसा तो नहीं कि कुछ पाना नहीं है
और सिर्फ़ खोना है

सम्भोग

दो शरीर ऐसे पास आते हैं जैसे प्यासा पानी के
दो शरीर ऐसे क़रीब आते हैं जैसे मधुमक्खी शहद के

धीरे-धीरे शरीर ख़त्म हो जाते हैं और एक ऊर्जा रह जाती
है शायद इस शरीर के ख़त्म होने के लिए ही हम
एक-दूसरे के क़रीब आते हैं

जहाँ अपना कोई होश नहीं होता और बस उस ऊर्जा में
खोते चले जाते हैं

फिर एक ऐसा पल आता है

जब हम पूरे खो जाते हैं
और उस पल को महसूस करने के लिए भी हम नहीं रहते
बस खो जाते

फ़र्क़

क्या फ़र्क़ है उनमें और हममें
क्यों वह हमें देखते हैं और हम उनको नहीं

है हमारी भी आकांक्षा वही जो उनकी है
है उनकी भी तमन्ना वही जो हमारी है
वह अपने छोटे बाज़ार जाते हैं और हम बड़े
वह भी ख़ुशियाँ मनाते हैं और हम भी

पैसा किसी को बड़ा या छोटा नहीं बनाता
हम सब एक जैसे हैं पर अपने से ऊपर उठकर नहीं देख पाते

इन्सान शायद बना ही इसलिए है कि वह अपने से ऊपर
उठने की कला को सीख जाये

फिर ना कुछ पाने को है और ना कुछ खोने को

शादी

एक ऐसा बन्धन जिसमें आप रहना भी चाहते हैं और नहीं भी

एक ऐसा रिश्ता जो आपका है भी और नहीं भी

एक ऐसा जोड़ जो पक्का है भी और नहीं भी

एक ऐसा एहसास जिसमें प्यार है भी और नहीं भी

पर क्या शादी का रिश्ता हमें पूरा कर सकता है?
शायद हाँ भी और नहीं भी

नाद

नाद एक ऐसी धुन जो जब नहीं सुनती थी तो कभी सुनाई
नहीं दी और जब सुनाई दी तो कभी बन्द नहीं हुई

कैसा जादू है एक मधुर गुंजार हमेशा हमारे साथ है
पहले लगा ये बाहर है जब और गहरे देखा कि यह तो
मुझमें से ही आ रहा है

सुना बहुत था अनहद नाद के बारे में जब जाना तो देखा
सही में कुछ हमेशा बज रहा है
वो बस है और हम उसमें खोते चले जाते हैं
जैसे वह हमें खींचता चला जाता है और हम उसमें डूबते

फिर बस वह धुन ही रह जाती है और हम कहीं दूर छूट
जाते हैं

क्या है ये?

खुली आँखों से तुम्हें देखता हूँ बन्द आँखों से तुम्हें देखता हूँ

तुमसे मिलता हूँ तो सब मिल जाता है तुमसे दूर जाते ही
सब जगह तुम्हें ही ढूँढ़ता हूँ

ऐसा महसूस होता है सारे संसार में तुम्हारे सिवा कोई नहीं
है और हर जगह बस तुम्हें ही देखने की कोशिश करता हूँ

क्या करूँ समझ नहीं आता
तुम ही बताओ क्या करूँ
तुम ही समझाओ क्या करूँ

ढूँढ़ना

सागर की लहरें ढूँढ़ रही हैं तुम्हें
हवाएँ बेताब हैं तुम्हें छूने को
सूरज चुप्पी साधे इन्तज़ार कर रहा है
आसमान तुम्हें अपने आगोश में लेना चाहता है

पूरा मंज़र बस तुममें बसना चाहता है
यहाँ सब तुम्हें ही तो पुकार रहे हैं
पूरा अस्तित्व इस छोटे से पत्ते के साथ प्रेम में है तुम्हारे

दूर

कुछ ऐसा जैसे पेड़ से पत्ते
आसमान से तारे और
शरीर से आत्मा खो गयी है

ऐसा हो गया है जैसे भगवान भक्त से दूर है
सूरज रोशनी से
चाँद चाँदनी से और
बच्चा माँ से

पता नहीं कब मिलेंगे
कब मिलेंगे

कब होगा तुझसे मिलन

जो दिखता है उसे हम देख नहीं पाते
जो सुनता है उसे हम सुन नहीं पाते

हम हैं उसके क़रीब और वह है हमारे क़रीब पर हम कभी मिल नहीं पाते
हम हैं उसके इन्तज़ार में और वह है हमारे इन्तज़ार में फिर भी हम उससे मिल नहीं पाते

शायद, उससे तभी मिलना होगा जब देख पायेंगे कि हम एक ही हैं

काश हम यह पर्दा कभी उठा पायेंगे

तुम्हारे संग

तुम्हारे संग, जैसे शरीर को साँस मिलती हैं
जैसे आँखों को देखना मिलता है
कानों को सुनना मिलता है

तुम्हारे संग, जैसे चाँद को रोशनी मिलती है
जैसे सूखी ज़मीन को पानी मिलता है और
जैसे पक्षी को आवाज़

तुम्हारे संग, मैं कहीं खो जाता हूँ
तुम्हारे संग, मैं पूरा होता हूँ

तुम्हारे संग

क्या है कोई प्रेमी

शायद, ज़िन्दगी भर प्रेम को जिया जा सकता है और
यह पूरा नहीं होता

प्रेम इतना बड़ा है कि हम इन्सानों की समझ से बाहर
निकल जाता है
हम प्रेम की बात करते हैं पर जब जीने की बात आती है
तो हिम्मत टूटने लगती है
डर लगने लगता है
अपने को खोने का
अपने मिटने का

क्या कोई है ऐसा प्रेमी
जो डरे ना और
फिर वापसी ना हो

क्या है कोई
तुझे पुकारता हूँ
तुझे बुलाता हूँ

तुम कहाँ हो

मौसम पूछ रहा है तुम कहाँ हो
हवाएँ पूछ रही हैं तुम कहाँ हो

ढलता सूरज पूछ रहा है वो कहाँ है
लहलहाते पेड़ तुम्हारा इन्तज़ार कर रहे हैं
आँखें तुम्हें ढूँढ़ रही हैं
शरीर अधूरा है

बता इन्हें क्या बोलूँ
बता ना

ढाई अक्षर प्रेम के

ढाई अक्षर प्रेम के सुना था, समझा था प्रेम ढाई अक्षर का
होता है

जब जाना, महसूस किया
तो जाना, अक्षरों में समाता नहीं प्रेम
जाना जा नहीं सकता प्रेम को
अपने को बस खोया जा सकता है प्रेम में

बहुत आँसू हैं पर रो-रो के कुछ ऐसा दिखाना शुरू होता है
जो वैसे दिखता नहीं

पायल

पायल देखी किसी को पहने हुए
याद आ गयी किसी के क़दमों की

याद आ गयी उसकी जिसने सच्चे प्यार की पहचान कराई
याद आ गयी उसकी जिन क़दमों को चूमा भी जा सकता
है जिन क़दमों को पूजा भी जा सकता है
जिन क़दमों में अपने को आसानी से समर्पित किया जा
सकता है

पायल पहनाई है उन्हीं क़दमों में
पायल जिसने दी है ज़िन्दगी में चमक
पायल जिसने गाया है नया राग

उन क़दमों में नमन
उन क़दमों में प्रेम समर्पित

शरीर और साँसों की डोर

आज अपने ही शरीर और साँस की डोर देखने का मौक़ा मिला

ऐसी डोर, जो न साँस बाँधे हुए है और ना ही शरीर
ऐसी डोर, जो अपने तोड़े टूटे नहीं और अपने जोड़े जुड़े
ऐसी डोर, जिसमें न शरीर को पता है वह जुड़ा है और न
साँस को भनक है वह जुड़ी है

जैसे शरीर और साँस दोनों गहन प्रेम में हैं और
एक-दूसरे के बिना वह जी नहीं सकते
समझ के परे हैं
कि शरीर साँस पर टिका है या साँस शरीर पर

ऐसी डोर और ऐसा प्रेम

तैयारी कर ले बन्दया

तैयारी कर ले बन्दया। तैयारी कर ले

की रह जाना आख़री वेले
आख़िरी साँसों की माला
ते ये देखन वाला
देखन वाला साँसों नु जांदे हुए देखेगा
बस यही रह जाना

तैयारी कर ले बन्दया। तैयारी कर ले

साथ सिर्फ़ इक्को ही जाना–ओ देखन वाला
समय रहते जान ले ओ देखन वाले नु

तैयारी कर ले बन्दया। तैयारी कर ले

चल अब घर की ओर रुख करते हैं

चल अब घर की ओर रुख़ करते हैं–चल

कब तक यहाँ के खेल खेलेगा
कब तक यहाँ के रंग देखेगा
कब तक इनमें खोया रहेगा

चल अब घर की ओर रुख़ करते हैं

कब तक इस क़ीमती समय को व्यर्थ करेगा
कब तक इस अवसर को गँवायेगा
कब तक इन्तज़ार करेगा

अब तो समझ जा
अब तो हार मान
अब तो रुक जा ए बन्देया
अब तो देख अपने को
अब तो जान अपने को

चल अब घर की ओर रुख़ करते हैं
चल

शरीर

ऐ मेरे दोस्त तूने कितना कुछ दे रखा है
तेरे होने से ही तो मैं संसार को जी रहा हूँ

तू देता है
खाने का स्वाद
देखने की क्षमता
सुनने की क़ाबिलियत
बोलने की हिम्मत
छूकर महसूस करने का आराम
नींद की मदहोशी
प्रेम को जी कर अपने पार जाने का साहस

एक मैं हूँ फिर भी तुझे देखता नहीं
कहाँ भाग रहा हूँ मैं

मेरे सच्चे दोस्त मुझे सद्बुद्धि दे
हिम्मत दे सच को देखने की

गुलाब का फूल

उगता हूँ मिट्टी पानी व मालिक के परिश्रम से
मिट्टी पानी का क़र्ज़ चुकाने के लिए काँटों के साथ रहता हूँ
इन्सानों का क़र्ज़ चुकाने के लिए अपनी ज़िन्दगी इन्सान को
सौंप देता हूँ

रहता हूँ हमेशा ख़ुश देता हूँ ख़ुशबू उसको
रंगों से उसे अपने पुलकित कर देता हूँ
हर उसकी सुन्दर वस्तू की शोभा बढ़ाता हूँ

फिर उसी के पैरों के नीचे आकर अपनी जान गँवा देता हूँ

फिर मरता हूँ फिर उगता हूँ
फिर मरता हूँ फिर उगता हूँ

सोचता हूँ मेरे लिए भी कभी कोई सोचेगा शायद

ढूँढ़ने की आदत

रास्ता मैं ही हूँ ढूँढ़ता हूँ किसे? मंज़िल मैं ही हूँ ढूँढ़ता हूँ किसे? मैं देखता हूँ तो वो है, बोलता हूँ तो वो है, चलने में वो है, मेरी साँसों में वो है

फिर ढूँढ़ता हूँ किसे?

शायद ढूँढ़ते रहने की आदत ने ढूँढ़ते रहना सिखाया है। ढूँढ़ने की कोई ज़रूरत नहीं वो तो यही हैं वो मेरे से ही तो सब कुछ कर रहा है।

जब उसको देखता हूँ तो ख़ुद को देखना मुश्किल होता है। ढूँढ़ता हूँ अब की मैं कहाँ हूँ, आदत ही ऐसी है कि बस ढूँढना चाहता हूँ।

वो तो यही है सब देख रहा है, वो मैं ही तो हूँ
वही तो है सब जगह और कौन है।

पैसा

हम सब पैसे के पीछे भाग रहे हैं क्या हमें सही में पैसा
चाहिए या हम पैसे के अन्दर और कुछ ही ढूँढ़ रहे हैं?

हमारी असली माँग क्या है क्या वह पैसा है? शायद हम
ढूँढ़ते-ढूँढ़ते भूल ही गये हैं कि हमें चाहिए क्या?

हम चाहते ख़ुशी हैं, हम चाहते प्यार हैं, हम चाहते हैं अन्तर
शान्ति हैं और सोचते हैं यह सब पैसा देगा पर ऐसा होता नहीं।

पैसा तो एक ज़रिया है चीज़ों को लेने का हम पैसे से कुछ
ज़्यादा माँगने निकल पड़े हैं और शायद पैसा भी यह सोच
रहा है कि यह सब इनका कहाँ से लाकर दूँ। यह तो मेरे पास भी नहीं है।

दोस्ती

दोस्ती, एक ऐसा एहसास जो सबको नहीं मिलता। जिसको मिलता है वही उसकी ख़ुशबू को जानता है।

जिसको दोस्ती मिली वह ख़ुशनसीब है क्योंकि अब कोई है जिसे वह कुछ भी बयां कर सकता है दोस्त हमारे साथ ना होते हुए भी हमेशा साथ रहते हैं उसे कभी कुछ चाहिए नहीं होता। बस कुछ पल की मुलाक़ात और कुछ पल की बात दोस्ती को पूरा करती चली जाती है।

शायद सच्ची दोस्ती ही एक ऐसा रिश्ता है जिसमें बिना माँगे सब कुछ मिलता है और कभी कुछ चाहिए नहीं होता।

दोस्ती को प्यार भी नहीं बोल सकते, दोस्ती बस आती है आपकी ज़िन्दगी में हवा के झोंके की तरह और आपको ताज़ा करके चली जाती है।

चाँद

बुला रहा है चाँद बार-बार कह रहा है
तुम आओ तो सही एक बार

मैं दिखाऊँगा तुम्हें तुम्हारी परछाईं
मैं चाँद, जो तुमने मुझे नाम दिया पर कभी मिलो तो सही
एक बार

सब बोल रहे हैं पर मैं कुछ नहीं बोलता
तारे भी मेरे दोस्त हैं तुम भी तो दोस्त बनो एक बार
धोखा ना दूँगा, रोज़ आऊँगा तुमसे मिलने, रहूँगा तुम्हारे साथ

तुम आओ तो सही एक बार

जब तुम्हारी रोशनी जाती है
तब तो देख लिया करो एक बार

तुम आओ तो सही एक बार

चींटियों का चलना

चींटियाँ जब हमें मिलती हैं चलती हुई मिलती हैं
कभी शायद वह सोती ही नहीं

अपने खाने के लिए हमेशा चलती हैं
गिरती हैं उठती हैं
फिर गिरती हैं फिर उठती हैं
और चलती चली जाती हैं

कब किसका क़दम उस पर पड़ेगा और मर जायेगी
परवाह किये बिना चलती हैं

इन्सान की तरह हर पल मौत से नहीं डरतीं
निडर जीती हैं और
निडरता से मर जाती हैं

रात का प्यार

रात की प्यारी शान्ति जो बिना कुछ कहे बहुत कुछ कहती है

तारों का मुस्कुराना और हमें देखते जाना
मीठी हवा का छूकर निकल जाना
पेड़ों के पत्तों का हवा से बातें करना
हवाई जहाज़ का पता नहीं कहाँ भागे जाना
दूर से गाने की आवाज़ आना और फिर चले जाना
चाँद का सूरज के उगने की जगह पर पहुँच जाना
एक मीठी ख़ुशबू का सारे माहौल में फैला होना

पता नहीं रात को हम सो क्यों जाते हैं
जबकि रात अपना प्यार लुटाने को बेताब है
घरों का एक-दूसरे को देखना
सड़कों का बिल्कुल ख़ाली होना
यह रात नहीं कुछ और ही है

ये रात कभी सुबह का इन्तज़ार कर ही नहीं सकती
ये अपने में मस्त और मदहोश
इसे किसी सुबह की ज़रूरत ही नहीं

महक

ज़िन्दगी भरी है अलग-अलग महक से

ध्यान की महक
प्यार की महक
जज़्बात की महक
ग़ुस्से की महक
किसी के आने की महक
किसी के जाने की महक

मौसम के बदलने की महक
हवा की महक
मिट्टी की महक
गोबर की महक
पसीने की महक
गर्म साँसों की महक

रात की महक
दिन की महक
शाम की महक
सुबह की महक
इतनी महकती हुई ज़िन्दगी और क्या चाहिए

दौड़

आज इतनी सारी दौड़ देखकर बड़ी हैरानी होती है

आगे रहने की दौड़
पद की दौड़
सम्मान की दौड़
पैसे की दौड़
बड़े घर की दौड़

चलो यह सब दौड़ समझ आती है और कुछ नयी तरह की
दौड़ भी है

अपने बच्चों को सबसे आगे देखने की दौड़
अपना सिर ऊँचा करने की दौड़

पर बहुत कम दौड़ें हैं जो
ज़िन्दगी के लिए होती हैं
बहुत कम जो प्यार के लिए होती हैं
बहुत ही कम जो अपने लिए होती हैं

शाम

पहली नज़र देखते ही शाम को शब्द आता है शान्ति और मीठी

सूरज का लालिमा छोड़ कर अन्तरर्धान हो जाना
लालिमा की किरणें चारों तरफ़ फैल जाना
हवाई जहाज़ का कभी दूर से बिना बोले चले जाना और
कभी पास से मीठी आवाज़ करते

हल्की-हल्की आवाज़ों का सुनना
स्कूटर की पी पी
बच्चों की ही ही
साइकिल की ट्रिन ट्रिन
पक्षियों की ची ची

बादलों के झुंड का ऐसा जैसे अपने दोस्तों के साथ चलना
चिड़ियों के झुंड का घूमना जैसे बच्चों का आपस में खेलना
कहीं आकाश नीला
कहीं गहरा नीला
कहीं लाल

लगता है शाम कह रही हो मेरे प्यारे मैं दोबारा आऊँगी
सुबह का रूप लेकर
सुबह-शाम तो हम कहते हैं
शायद वह एक ही है

समय

समय जो कभी दौड़ाता था भगाता था
पता नहीं क्या क्या करवाता था

आज पहली बार समय की आवाज़ सुननी बन्द हो गयी
सब कुछ जैसे एक ही पल है कोई समय नहीं
घड़ियों ने जैसे बोलना बन्द कर दिया

शायद, कोई पल ना आता है ना जाता है
बस होता है
लोग कहते हैं कि समय की मार बहुत भयंकर होती है
पर यह एक पल कैसे किसी को मार सकता है
इतना प्यारा
इतना सुन्दर
जादुई
लाजवाब

आज ऐसा लग रहा है जो यह पल है
यही ज़िन्दगी है
और कहीं कुछ नहीं

नदी

नदी ऐसे ही बह रही है उसे ख़ुद नहीं पता कहाँ जाना है
लहरें आवाज़ करके पूछ रही हैं कहाँ जाना है

कुछ लहरें उठ कर देख रही हैं
ऐसा लगता है किसी से मिलना चाहती हैं
फिर पीछे से दूसरी लहर आ कर उसे आगे ले जाती है

लोग इसमें स्नान करके कहते हैं हमारे पाप धुल गये
पर नदी और हम शायद हमेशा से बराबर दर्जे के पवित्र हैं

तुम्हारे पास बैठ कर ऐसा लग रहा है
तुम हमें एहसास दिला रही हो

हम स्थिर हैं
हमारा अस्तित्व भागने में नहीं
रुकने में है

मौत

मौत जो हमारे चारों तरफ़ घूमती है
शायद अलग-अलग तरीक़े से कहती है मैं यही हूँ

पर जिसकी मौत होती है उसके चारों तरफ़ के लोग
मौत से पहले उसे पता नहीं क्या-क्या बनाना चाहते हैं
क्या-क्या करवाना चाहते हैं
उसे कुछ-कुछ सिखाना चाहते हैं

उसके मरने के बाद रोते हैं जैसे
अब उनकी ज़िन्दगी ख़त्म हो जायेगी
अब उसकी कोई चीज़ ग़लत नहीं लगती

अब वो ठीक है क्योंकि अब वो ठीक नहीं रहा
अब वो ठीक है क्योंकि वो उनके पास नहीं रहा
अब वो ठीक है क्योंकि अब वो कुछ नहीं करेगा
अब वो ठीक है क्योंकि मौत उसे ले जा चुकी है

अजीब शायद वो मौत से पहले समझ लेते
पर क्या अब वो समझ पायेंगे

कभी-कभी शायद मौत आती नहीं लायी जाती है

पता नहीं

जाली में से धूप का अलग-अलग छेद में से आना
जंगले में से अँधेरे कमरे में सिर्फ़ रोशनी होना

गिलहरी का अपने पैरों में चीज़ों को दबाकर खाना
हल्की-हल्की आवाज़ों का आना
टक खट पट
ये आवाज़ें मीठी लगना

जाली का आवाज़ करते हुए खुलना और बन्द होना
कुत्तों का एक ही तरह से भोंकते चले जाना
स्कूटर गाड़ियों का आना

हवा का मीठे-मीठे चलना
अपने पैरों के चलने की आवाज़
कमरे का बिल्कुल ख़ाली होना

पैर छूना

पैर छूना भारतीय संस्कृति ही नहीं

ये एक एहसास है
ये एक समर्पण है
ये एक हृदय का हृदय से सम्बन्ध है

पैर छुए नहीं जाते बस शरीर झुक जाता है
आँसु बह जाते है
किसी के आगे जो हमें कुछ ऐसा दे जाता है
जिसका मूल्य जीवन भर चुकाया नहीं जा सकता

बस झुकते हुए अपने को ख़त्म होते देख सकते है
अपने को पूरा होते हुए अनुभव कर सकते हैं

बहुत नमन उन सबको
जिन्होंने मौक़ा दिया
अपने चरणों में झुकने का

ऊँचाई से दुनिया

ऊपर से दुनिया अनूठी दिखती है
ऐसी दुनिया जिसमें हम रहते हुए भी उसे देख नहीं पाते

कुछ ऐसे रास्ते बने दिखते हैं जो रास्ते हैं पर हम उन्हें रास्ते
मानते ही नहीं

लोग चलते हुए ऐसे लगते हैं कि एक-दूसरे के पीछे
चले जा रहे हैं

घर इतने छोटे हो जाते हैं ऐसा लगता है घरों में से लोग
सिर्फ़ आ रहे हैं जा रहे हैं

ज़मीन के बहुत सारे हिस्से कर दिये हैं ज़मीन एक-दूसरे से
मिलना चाहती है पर मिल नहीं पाती

ऊपर से कोई नीचे की आवाज़ सुनाई नहीं देती सिर्फ़
एक मीठी शान्ति चारों तरफ़ फैली रहती है

पर जब नीचे आते हैं तो फिर छोटे रास्ते खोने लगते हैं
लोग फिर अकेले चलने लगते हैं
घर फिर बड़े हो जाते हैं
ज़मीन फिर से अलग-अलग हो जाती है
शान्ति पता नहीं कहाँ चली जाती है

आसमान

इतना शान्त कितना प्यारा चुपचाप सब देख रहा है

बादलों की सफ़ेद लकीरें जैसे दरवाज़े हैं जो हमें नील
भवन के अन्दर ले जायेंगे

उड़ते हुए पक्षी ऐसे लगते हैं जैसे उन दरवाजों से अन्दर
जाना चाहते हैं

शायद यह दरवाज़े कुछ देर के लिए ही खुलते हैं जिसने
देख लिया वह चला गया

हवाई जहाज़ की आवाज़ सुन कर ऐसा लगता है कि नीले
भवन में कोई अपने रथ से इधर-उधर जा रहा है

ऐसा लगता है ये भवन हमारे बहुत क़रीब है बस हाथ बढ़ा
कर उसको छू लेंगे

सूरज ऐसा लगता है नीले भवन का सिपाही जो रोज़ सुबह
हमारे उठने से पहले बाहर आकर खड़ा हो जाता है
फिर चारों तरफ़ भवन के चक्कर लगाता है
रात होते ही चाँद को सिपाही बना देता है

तारे ऐसे लगते हैं भवन को सजा दिया गया है
बहुत सुन्दर भवन है जो हमेशा हमारे साथ रहता है

माँ

माँ, एक ऐसा एहसास जो हमें पैदा होने से पहले ही मिल
जाता है

माँ, एक रिश्ता जो हमारा सबसे पहले होता है

माँ, एक प्यार जो उसका एहसास कराती है

माँ, एक दुआ जो हमेशा हमारे साथ रहती है

माँ, फिर जिसका रूप बदलता है और वो अलग-अलग
रूपों में आती है पर वो रहती माँ ही है

और माँ जिसमें अन्त में हम फिर उसकी कोख में समा
जाते हैं

रात-दिन

रात दिन यह क्या हो रहा है हमसे पूछे बिना ही
सब कुछ हो रहा है

दिन आकर हमें प्यारी नींद से उठा देता है
बच्चे खेलने लगते हैं कुछ लोग अपने काम पर चले जाते है
माँ अपना घर का काम करने लगती है
दिन रोज़ अपनी मस्ती में आता है और शाम को अपनी
अमानत रात को देकर चला जाता है

शाम होती है तो ऐसा लगता है
दिन रात को अपनी दिनचर्या बताता है
सुबह की लालिमा में रात दिन को बताती है कि क्या हुआ

हमारे उठने से पहले रात चली जाती है
शायद रात और दिन आपस में ही अच्छे दोस्त बन
गये हैं

और दिन ने अपना दोस्त ढूँढ़ा सूरज और रात ने चाँद

पानी के अनेक रूप

पानी हमसे कितना जुड़ा हुआ है

पानी जो बादलों से गिरता है उसे हम बारिश कह देते हैं
जो आँखों से उसे आँसू
जो पहाड़ों से उसे झरना
जो ज़मीन पर उसे नदी
जो हमसे उसे पसीना

अगर काला हो जाये तो उसे गन्दगी
अगर रंगीन तो उसे शराब
अगर मीठा तो उसे शरबत
अगर सफ़ेद तो उसे दूध

अगर घरों में घुस जाये तो उसे बाढ़
अगर रोशनी कर दे तो उसे बिजली
अगर कोई मर जाये तो उसे ज़हर
अगर कोई बच जाये तो उसे अमृत

शब्द और क़लम

हमारी सोच हमारे हाथ से होती हुई क़लम को छूती है
शब्दों में उतर कर सफ़ेद काग़ज़ पर एक काले रंग की
सजावट कर देती है

शब्दों में इतनी ताकत है कि बिना आवाज़ के कितनी तेज
बोलते हैं और शायद हमें सिखाना चाहते हैं कि बिना बोले
भी बहुत कुछ नहीं सब कुछ कहा जा सकता है

क्या नायाब रिश्ता है शब्द और क़लम का
पर आज का शब्द क़लम का मोहताज नहीं रहा
पर ज़रूर अपने क़रीबी दोस्त को याद करता होगा

चाँद की चाँदनी

क्या ख़ूबसूरत समा है चारों तरफ़ एक नशा है
चारों तरफ़ एक मीठी शान्ति फैली हुई है और उसने रात
के पूरे माहौल पर क़ब्ज़ा कर लिया है

चाँद प्यार से सब कुछ देख रहा है
उसकी दोस्त प्यारी सफ़ेद रंग की चाँदनी शान्ति से मिलने
पहुँच गयी है

मीठी शान्ति और सफ़ेद चाँदनी बैठकर आपस में बात कर
रही हैं उधर से ठण्डी हवाएँ दोनों से मिलने आ गयी है
ऐसा लग रहा है ये सब मिलकर अँधेरे से मिलने जा रहे हैं
अँधेरा रात होते हुए भी नहीं दिख रहा है

सब कुछ चारों तरफ़ सफ़ेद रंग से धुला हुआ है
सफ़ेद चाँदनी, मीठी शान्ति, ठण्डी हवा और अँधेरा मिलकर
गा रहे हैं झूम रहे हैं
ऐसा झूमना जो इतना शान्त है पर ज़ोर-ज़ोर से बोलकर
सबको बता रहा है कि हम अपनी मदहोशी में मस्त हैं

बादलों के पीछे छिपा सूरज

काले बादल जिन्होंने सूरज को घेर लिया है
इतना चमकता हुआ सूरज आज बादलों से छुप गया

ऐसा लग रहा है बार-बार निकल कर झाँक रहा है
बादलों के किनारे पर सफ़ेद रंग की रेखाओं का बन जाना
ऐसा लगता है सूरज कह रहा है मैं हूँ अभी गया नहीं

सूरज और बादल आपस में खेल रहे हैं
कभी सूरज बाहर आता है और बादल उसे वापस अन्दर
कर देते हैं

क्या प्यारा प्रकृति का खेल और दो बच्चे प्रकृति के

सूरज अलविदा कह के चला जाता है
उसके जाने के बाद बादल सूरज को ढूँढ़ने लगते हैं पर वो
नहीं मिलता

पर कल फिर शायद दोनों दोस्त मिलेंगे और इस खेल को खेलेंगे

तारे

काले आसमान में छोटे-छोटे प्यारे तारे
कुछ तारों का बीच में ज़ोर से चमकना ऐसा लग रहा है
ज़ोर-ज़ोर से हँस रहें हैं।

काले आसमान के ऊपर सफ़ेद बादलों और चमकते हुए
तारों का फैला होना ऐसा लगता है प्रकृति ने हमें जन्नत दे
रखी है और हमें देखने की फुर्सत नहीं

आसमान एक बड़ा पेड़ है और उस पर मीठे तारे के फल
लगे हुए हैं आसमान सफ़ेद पत्ते हैं और हवाई जहाज़ पर
लोग बैठ कर मीठे फल तोड़ने आ गये हैं

ऐसा लग रहा है इस पेड़ ने हम पर एक चादर कर रखी है
एक ऐसी चादर
जो हमें फल देती है
शान्ति देती है
बारिश देती है

और हमेशा हमारे साथ रहती है

अँधेरा

अँधेरा बड़ी मुश्किल से मिलता है हमेशा खोया रहता है
पता नहीं कहाँ

आज मिला है इतने दिनों बाद और इतना सुन्दर
एक अजीब सी बात है एक रोशनी लेकर बैठा हुआ है
रोशनी को देख सकते हैं अँधेरे में भी
शायद कह रहा है मैं और रोशनी मिलकर बने हैं
रोशनी को मुझसे अलग मत समझो

दूर से खड़ा देखता रहता है फिर रोशनी के जाते ही चुपके
से आ जाता है हल्की सी रोशनी अपने साथ लिए

इतना प्यार जिसके आने पर अपना अस्तित्व मिटा देता है

पत्ते

पत्ते जो हर पेड़ की शान हैं हर पेड़ की जान है
जैसे प्रकृति एक चित्रकार है जो इनमें रंग भरती है

पत्तों के अलग-अलग रूप ऐसे लगते हैं
जैसे माता-पिता, बड़े भाई, छोटे भाई और बहनों का रिश्ता
डाली से पत्तों का जुड़ा होना ऐसा लगता है जैसे पूरा
परिवार प्यार के धागे में बँधा हुआ है

पत्ते पीले रंग के होकर शायद यह कहते हैं अब हम बूढ़े
हो गये हैं अब हमारे में जवानी का हरा रंग नहीं रहा

अपने छोटे से जीवन में पत्ते अपने परिवार से एक पल के
लिए भी अलग नहीं होते

अनोखा पत्तों का परिवार

परछाई

आज तुम्हें देख कर ऐसा लग रहा है तुम हमसे बात करना
चाहती हो

तुम हमेशा वही करती हो जो हम करते हैं और कभी
अपने मन की नहीं करतीं

कभी हमारे आगे आ जाती हो और कभी पीछे और कभी
ग़ायब हो जाती हो

शायद हमारे सामने आकर कभी हमसे पूछना चाहती हो
क्या तुम ठीक कर रहे हो
हम फिर भी तुम्हें कोई जवाब नहीं देते
तो तुम हमारे पीछे चली जाती हो

शायद प्रकृति ने तुम्हारे रूप में हमें आईना दे रखा है
जो हमें दिखाता है कि हम क्या कर रहे हैं
पर हमें तुम्हें देखने की
तुमसे बात करने की फुर्सत ही कहाँ

फिर भी दोस्त की तरह हमेशा साथ रहती हो
कभी हमारा साथ नहीं छोड़ती

सड़क

सड़क जिसे कुछ लोग रास्ता कहते हैं
कुछ कहते हैं ये यहाँ जा रही है
कुछ कहते हैं यह वहाँ जा रही है

पर शायद सड़क तो कहीं जा ही नहीं रही
वह तो वही है
जा तो हम लोग रहे हैं
कोई यहाँ जा रहा है
कोई वहाँ जा रहा है

सड़क को देखकर महसूस हो रहा है
कि ज़िन्दगी तो बस यही है
हम ही कहीं भागे जा रहे हैं

सड़क तो शायद यहीं रहेगी
लोग उस पर भागते रहेंगे
और कहेंगे यह सड़क पता नहीं कहाँ जा रही है
ये रास्ता पता नहीं कहाँ ले जा रहा है

सूखे पत्ते

सूखे पत्ते जो पहले कभी हरे हुआ करते थे
ऐसा लगता है उनकी शोभा सूखने से बढ़ गयी है

अपने पेड़ों के साथ डालियों पर रहते थे
अब ना इनका कोई पेड़ है
ना ही डाली

अब यह अपनी ही मस्ती में चूर है
जहाँ हवा ले जाये वहीं जाने को तैयार

अब ना इनका कोई ठिकाना है और ना कोई वजूद
अब ये बिना वजूद के हँसते हुए मालूम होते हैं

जैसे पेड़ से गिरने के बाद इन्हें ज़िन्दगी मिल गयी हो
कभी यह पेड़ की चोटियों पर रहकर भी इतनी आवाज़
नहीं करते थे जितनी ज़मीन पर रहकर करते हैं

शायद पेड़ से जुदा होकर इन्होंने
कुछ खोया नहीं
पाया ही है

□□